Anja Katzmarzik
Csaba Peter Rakoczy

# Die Kölner City zu Fuß



J.P. BACHEM VERLAG

**Bild Umschlag Innenseite:**
**Alt und neu – das Historische Rathaus als Spiegelbild in einem der Fenster des neuen Wallraf-Richartz-Museums.**

Die Deutsche Bibliothek - CIP-Einheitsaufnahme

Ein Titeldatensatz für diese Publikation ist bei Der Deutschen Bibliothek erhältlich.

ISBN 3-7616-1608-2

**Bild rechts:**
**Während der Bauzeit des Römisch-Germanischen Museums wurde am Chlodwigplatz das einzigartige Grabmal des römischen Legionärs Lucius Poblicius gefunden, das heute im Museum zu sehen ist.**

1. Auflage 2002
J. P. Bachem Verlag, Köln 2002
Redaktion und Lektorat: Martina Dammrat, Köln
Einbandgestaltung und Layout: Heike Unger, Berlin
Reproduktionen: Reprowerkstatt Wargalla GmbH, Köln
Druck: Druckerei J. P. Bachem GmbH & Co. KG, Köln
Printed in Germany
ISBN 3-7616-1608-2

# Inhalt

„Wir treffen uns an der Kreuzblume." Das sagen nicht nur Touristen, die bei dem Versuch, unsere Kathedrale abzulichten, vor dem altehrwürdigen „Café Reichard" von 1855 die lustigsten Turnübungen machen (sie kennen noch nicht den zweiten Spaziergang dieses Stadtführers), sondern auch eingeborene Kölner. Der Dom ist Treffpunkt vieler – aber zum Treffen zu groß. Das Modell der Dom-Kreuzblume zwischen „Tourismus-Office" und „Domforum" dagegen bietet sich geradezu an, wenn auch diese Blume manch einem Ästheten ein Dorn im Auge ist. Wie ein riesiger Pilz ragt das zehn Meter hohe Modell aus dem Boden, doch hat wahrscheinlich kaum jemand sich die Nachbildung neben dem Taubenbrunnen von Ewald Mataré aus dem Jahr 1953 je genauer angesehen. Wer es dennoch tut, wird schmunzeln: Eine der dreizehn Tafeln an dem Symbol der Domvollendung erklärt die Bedeutung der Replik neben Türkisch, Englisch, Italienisch und Deutsch – in Kölsch!

Wer gerne mit offenen Augen durch die Stadt geht, den begleitet dieser Band von hier aus zunächst durch die Altstadt mit ihren Geschichten seit Römerzeiten. Der zweite Spaziergang führt über den Rhein und am Rhein entlang. Eine Tour für den Kauflustigen verrät, wo auf dem Weg entlang der zahlreichen Schaufenster Kölns so manches Detail auf seine Entdeckung wartet. Das Eigelsteinviertel mit seinem internationalen Flair und zahlreichen Kneipen besucht man in der letzten Tour, denn „hinterm Dom geht's weiter." Die einzelnen Routen können abgekürzt und miteinander kombiniert werden. Nur „eins bliev wie et es" – und das ist der Ausgangs- und Endpunkt: „Wir treffen uns an der Kreuzblume."

Anja Katzmarzik

**Im Feiern waren die Kölner schon immer gut: Großveranstaltungen wie hier der Weltkindertag im Rheinpark locken Hunderttausende ins Freie – das macht den Charme der Stadt aus.**

1

# Durch die Altstadt

1

# Geschichte und Geschichten

Vor dem Café Reichard mit seiner wieder aufgebauten Fassade aus der Gründerzeit steht die Kreuzblume, von wo aus sich der Dom am leichtesten, aber nicht unbedingt am besten fotografieren lässt.
Das Südportal war lange Zeit der Haupteingang des Doms. Die „Himmelssäule" von Heinz Mack ist nur eines von zahlreichen Kunstwerken rund um den Dom.

Vorige Doppelseite:
Sommer auf dem Alter Markt: Biergenuss pur vor einem der vielen alteingesessenen Kölner Brauhäuser der Altstadt.

Es gibt Kölner, die glauben tatsächlich, der Roncalliplatz sei nach dem gleichnamigen Zirkus benannt. Das ist natürlich Quatsch. Angelo Giuseppe Roncalli lebte von 1881 bis 1963 und erlangte als Papst Johannes XXIII. Berühmtheit. Noch in seiner Zeit als ständiger diplomatischer Vertreter seines Vorgängers hatte er den Kölner Dom besucht. Davon war er so beeindruckt, dass er sofort nach seiner Heimkehr sein Testament ändern ließ – und der Hohen Domkirche einen kostbaren Ring versprach. Unglücklicherweise fiel dieser 1975 den Domschatz-Räubern in die Hände und ist seither verschollen.
Von der Kreuzblume aus führt der erste Spaziergang quer über den Roncalliplatz. Mitten auf dem Platz und dennoch häufig übersehen: die „Himmelssäule" von Heinz Mack – ein Granit aus einem Stück. Das Diözesanmuseum ein Stück weiter zeigt mittelalterliche sakrale Kunst und hat als eines der wenigen Museen auch montags geöffnet. „Am Hof" liegt das Musikhaus Tonger, das 1822 von dem Antiquitätenhändler und Mitbegründer der Musikhochschule Augustin Josef Tonger gegründet wur-

de. In dem Haus wurde 1886 die erste Musikzeitschrift Deutschlands herausgebracht.
In der Kleinen Budengasse befindet sich der Eingang zum „Prätorium", den Überresten des römischen Statthalterpalastes, und ein begehbares Stück eines römischen Abwasserkanals. Auf dem 1414 fertig gestellten Ratsturm, von den Kölner Zünften als Zeichen der städtischen Freiheit errichtet, sind 150 Figuren der Stadtgeschichte verewigt – darunter „immerhin" 18 Frauen. Nach seiner Zerstörung im Zweiten Weltkrieg wurde das Skulpturenprogramm erneuert. So erhielten Persönlichkeiten wie Konrad Adenauer, Willi Ostermann und die Frauenrechtlerin Mathilde von Mevissen ebenso einen Platz wie Papst Urban VI., Friedrich von Spee und Kaiserin Theophanu. Ein Relief über dem Eingang zum historischen Rathaus zeigt, wie der Bürgermeister Hermann Gryn einen Löwen besiegt und damit die Kölner von ihrem damaligen Stadtherrn, dem Erzbischof, befreite. Der Löwenhof, in der Zeit der Renaissance 1569 bis 1573 erbaut, ist im Innern des Rathauses zu sehen.
Wer hätte es gedacht? Köln – als Mitbegründerin des mittelalterlichen Städtebündnisses von 1356 – war bis zu ihrem Ausschluss 1471 Hansestadt. Kölner Exportschlager waren Tuchwaren sowie Weine von Rhein und Mosel, die über den Rhein auf die Weltmeere gelangten. 1367 fand sogar die Hauptversammlung der Hanse in Köln statt, weshalb der „Lange Saal" des wenige Jahre zuvor fertig gestellten Rathauses im 19. Jahrhundert in „Hansasaal" umbenannt wurde. An der Südwand dieses Raumes, der sich in der ersten Etage befindet, stehen die „Neun Guten Helden", die Heiden-, Juden- und Christentum symbolisieren.

Hier braut sich was zusammen: Den vollen Durchblick haben die Kölner, seit das Historische Rathaus 2001 ein Glasdach erhielt, durch das es nur manchmal etwas durchregnet ... Auch architektonisch ist der neue „Kopfschmuck" des Denkmals nicht unumstritten.

Der gegenüberliegende Spanische Bau wurde nach einem im Krieg zerstörten Spätrenaissance-Bau an gleicher Stelle benannt, in dem 1626 die „Spanische Liga“, die Vereinigung der katholischen Länder während des Dreißigjährigen Kriegs, tagte. An der Südseite des Gebäudes, zur Portalsgasse hin, sprach John F. Kennedy während seines Köln-Besuchs 1963 – fünf Monate vor seiner Ermordung – zur Kölner Bevölkerung.

Durch die Glaspyramide vor dem Rathaus schaut man tief hinab in die Erde auf die Mikwe („lebendiges Wasser“). Das jüdische Kultbad war einst das Zentrum einer der ältesten und bedeutendsten jüdischen Gemeinden Deutschlands – bis 1424 auch die letzten jüdischen Einwohner aus Köln vertrieben waren.

Zurück am Ratsturm führt eine Treppe hinunter zum Alter Markt. Von dieser Seite des Turms streckt der „Platzjabbeck“, eine Holz-Fratze, zu jeder vollen Stunde die Zunge heraus. Ihm gegenüber, am Haus „Em Hahnen“ hockt ganz weit oben „dä Kallendresser vum Alder Maat“ – ein Männlein, das mit entblößtem Hinterteil sein Geschäft in eine imaginäre Regenrinne (Kall) verrichtet. Der Legende nach sollen die Mönche der Benediktinerabtei Groß St. Martin einen Verbrecher seinen Häschern ausgeliefert haben – der „Kallendresser“ war die Anwort der Anwohner vom Alter Markt auf dieses unmögliche Verhalten. Ein Stück weiter, Unter Käster, befindet sich Kölns Karnevalsorden-Museum.

Auf dem Jan-von-Werth-Brunnen steht der Reitergeneral aus dem Dreißigjährigen Krieg. Volkstümliche Berühmtheit erlangte Jan durch seine unglückliche Liebe zur Magd Griet, die ihn als Knecht verschmähte. Zwischen Jungfrau und Bauer, die

**Nicht erschrecken! Hochzeiten auf dem Rathausvorplatz, bei denen Menschen in Karnevalskostümen oder -uniformen Spalier stehen, sind keine Seltenheit in Köln – und auch sonst sind oft skurille Persönlichkeiten im Straßenbild anzutreffen.**

den Sockel schmücken, vertritt er den „Held Karneval“, den heutigen „Prinzen“ des Dreigestirns, das in der „jecken“ (verrückten) Zeit von Weiberfastnacht bis Aschermittwoch in der Stadt das Sagen hat. Am Brunnen vorbei sieht man das, wahrscheinlich wegen seines roten Anstrichs so genannte „Roden Haus“. Die älteste Apotheke der Stadt wurde 1584 erstmals offiziell erwähnt, ist heute aber nach dem 1884 auf dem Alter Markt enthüllten Denkmal benannt.

In der Mühlengasse, gegenüber des Peters Brauhaus, geht es in einen schönen Innenhof: „An Groß St. Martin“ ist eine wahre Oase der Ruhe, sieht man von der Karnevalszeit einmal ab. Hier befand sich einst ein Benediktinerkloster. Ein Brunnen erinnert an die ehemalige Brunnenkapelle, in der sich die Mönche vor dem Essen die Hände wuschen, die Martinssäule mit der klassischen Darstellung des Heiligen Martin zu Pferde, wie er mit einem Bettler seinen Mantel teilt, an den Patron der Kirche. Hauptdarsteller ist jedoch zweifellos die romanische Kirche mit ihrem imposanten Dreikonchenchor selbst. Sie war jahrhundertelang der Blickfang für alle, die sich über den Rhein der Stadt näherten, weil die Türme des Domes erst 1880 vollendet wurden. Die Maße des Kirchenschiffs sind durch die Fundamente einer römischen Lagerhalle bestimmt, deren Reste in der Krypta besichtigt werden können.

Unweit von „Tünnes und Schäl“ steht die Schmitz-Säule, bestehend aus Steinen ehemaliger römischer Hafenbauten. Es heißt, hier trafen sich die römischen Legionäre mit den blonden Ubiermädchen, den „Vorfahren“ der als urkölsch geltenden Familie Schmitz ... Durch einen Torbogen in der Lintgasse geht es zum lauschigen Ostermannplatz, der mit seinem Namen an den Kölner Liedermacher Willi

Die beiden lebensgroßen Bronzeskulpturen von „Tünnes und Schäl“ wurden 1974 enthüllt. Die Figuren aus dem Hänneschen-Theater, das 1802 gegründet wurde, haben sich zu regelrechten Volkshelden entwickelt. „Der Tünnes in uns“ steht für das Schlichte in einem jeden, das Menschliche. „Schäl“ dagegen für die Vernunft.

Ostermann erinnert. Auf dem Brunnen sind Gestalten aus seinen Texten dargestellt. Nach nur wenigen Schritten links durch einen weiteren Torbogen, über den Rothenberg und die Lintgasse, gelangt man auf den malerischen Fischmarkt. Links steht das ehemalige Fischkaufhaus und spätere Stapelhaus. Der Name weist auf das Kölner Stapelrecht hin, einer Art spätmittelalterlichem Vorkaufsrecht der Kölner auf alle Waren, die den Rhein passierten.

Am Buttermarkt liegt ein winziges Fleckchen Erde, benannt nach dem ältesten Traditionskorps im Karneval, den Roten Funken. Ihre Mitglieder persiflieren seit 1823 die Kölner Stadtsoldaten. Auf einem Relief sind ein Funkemariechen („Das schönste, was der Karneval zu bieten hat") und zwei solcher Funken dargestellt. Über die Salzgasse geht es am Heumarkt links über die Faßbindergasse zum Eisenmarkt. Seit 1938 hat das Stockpuppentheater „Hänneschen" hier seinen Sitz. Auf einer Bank posiert, ein Bein lässig über das andere geschlagen, der Kölner Volksschauspieler Willy Millowitsch – ein Denkmal, das ihm schon zu Lebzeiten gewidmet wurde.

Auf dem Heumarkt – zuerst Römerhafen, nach dessen Versandung dann Hauptumschlagsplatz der Kölner Kaufleute – steht das Reiterstandbild Friedrich Wilhelm III. Quer über den Platz zweigt rechts die Gürzenichstraße ab. Das reiche Köln errichtete

**Die Lintgasse ist schon Ende des 12. Jahrhunderts als „in Lintgazzin" verzeichnet. Hier wurden für den Fischmarkt Fischkörbe aus Lindenbast geflochten und mit Lindenbastseilen verschnürt. Die Handwerker, die die Körbe und Seile herstellten, wurden „Lindschleißer" genannt.**

1441 bis 1447 als „des Rathes Tantzhaus“ den zweigeschossigen, gotischen Prachtbau „Gürzenich“ – benannt nach einem Dürener Landadelsgeschlecht, dem hier ein Anwesen gehörte. Namhafte Gäste wie Kaiser Friedrich III., Karl V., Queen Victoria, Annette von Droste-Hülshoff, Guiseppe Verdi und Karl Marx sind hier ein- und ausgegangen. Auch die Staats- und Regierungschefs des Weltwirtschaftsgipfels 1999 posierten vor dem Tanz- und Konzerthaus für die Fotografen aus aller Welt. Im Zweiten Weltkrieg war der Gürzenich bis auf die Außenmauern ausgebrannt. Beim Wiederaufbau wurde die Ruine von Alt St. Alban integriert. Vom Quatermarkt aus ist das heutige Mahnmal gegen Krieg und Faschismus einzusehen. Das jüngste Mitglied in dem Ensemble ist der Neubau des Wallraf-Richartz-Museums des Kölner Architekten Oswald Mathias Ungers. Im Innern des architektonisch eindrucksvollen und lichtdurchfluteten Baues ergeben sich ganz neue Perspektiven – nicht nur auf die Kunst, sondern auch hinaus auf den Rathausplatz. Die Gemäldegalerie mit Kunstwerken von 1250 bis 1900 wurde erst kürzlich mit der Übernahme der 170 Bilder umfassenden Sammlung (Foundation) Corboud erweitert. Dazu kommen Skulpturen, Miniaturen und Handzeichnungen.

Der kleinste Platz Kölns ist der Gülichplatz. Eine Hausnummer 1 gibt es nicht, weil der Stadtrat 1686 nach der Hinrichtung des Revolutionärs Nikolaus Gülich, der hier wohnte, beschloss, dass dort nie wieder ein Haus stehen dürfe. „Haus Neuerburg“, das 1923 bis 1929 errichtet wurde, erhielt deshalb dic Nummer drei. Die Tabakfirma „Haus Neuerburg“, die hier ihren Sitz hatte, war damals die größte Zigarettenfabrik Deutschlands. Die bekanntesten

Der Ostermannplatz erfreut sich insbesondere im Sommer großer Beliebtheit. Der Komponist Willi Ostermann, nach dem das schöne Fleckchen benannt ist, wäre notfalls zu Fuß nach Köln gegangen, wie er in seinem berühmtesten Lied „Heimwih noh Kölle" (Heimweh nach Köln) dichtete. Das Lied wurde zu einer Art kölschen Nationalhymne.

Szene aus dem Hänneschen-Theater vor Alter-Markt-Kulisse. Knollendorf heißt das fiktive Viertel – in Erinnerung an die bäuerlichen Gegenden Kölns, in denen Knollen (Rüben, Kartoffeln) geerntet wurden.

**Als Ball- und Konzerthaus für die höheren Herrschaften Kölns wurde der Gürzenich im 15. Jahrhundert errichtet. Er ist neben dem Rathaus der bedeutendste gotische Profanbau Kölns. Nachdem er zwischenzeitlich als Kaufhaus genutzt wurde, erfreuen heute wieder Bälle und Konzerte, aber vor allem Karnevalssitzungen ein breites Publikum. Beachtlich sind auch die Bronzetüren von Ewald Matare am Eingang an der Martinstraße.**

Marken waren „Overstolz“ und „Güldenring“. Später hieß die Firma Reynolds und heute „Japan Tobacco“. Vor dem Haus steht seit 1913 der Fastnachtsbrunnen von Georg Grasegger. Vier Paare der Karnevalsgruppe „Hillige Knäächte und Mägde“ tanzen im Reigen, Fische speien Wasser und am Beckenrand steht Goethes Antwort auf die Einladung des „Festordnenden Komitees“, zum Karneval 1825 nach Köln zu kommen, geschrieben: „Löblich wird ein tolles Streben, wenn es kurz ist und mit Sinn. Heiterkeit im Erdenleben sey den flüchtgen Rausch Gewinn.“

Außerirdisch klingt der Name der Straße „Obenmarspforten“. Es ist noch nicht geklärt, ob die Benennung auf das Tor eines römischen Marktplatzes (Marktpforte) zurückzuführen ist oder auf einen Tempel des römischen Kriegsgottes Mars, der in der Nähe des Prätoriums lag. Überirdisch könnte man höchstens die Karriere des Mannes nennen, der lange Zeit später „oben Marckpforten“, wie es damals hieß, wohnte: Johann Maria Farina produzierte dem Gülichplatz „gegenüber“ 1709 als erster Kölnisch Wasser – fast hundert Jahre, bevor Konkurrent Wilhelm Mülhens das spätere „4711 Echt Kölnisch Wasser“ auf den Markt brachte. Bis heute heißt die Firma „Farina Gegenüber“. Im Keller des neubarocken Farina-Hauses von 1899, mit Parfümerie und Boutique, entsteht ein Kölnisch-Wasser-Museum. Über einen kleinen Weg gelangt man in den grünen Innenhof von „An Farina“, das heute ein moderner Wohn- und Geschäftshauskomplex ist. Der Frauenbrunnen von Anneliese Langenbach stellt „die Kölnerin“ im Laufe der Jahrhunderte dar.

In der Marspfortengasse wird gleich in doppelter Weise eines Liedermachers gedacht, dessen Melodien und Texte nicht nur im Karneval von Groß und Klein in Köln gesungen werden („Wer soll das bezahlen?“, „An Aschermittwoch ist alles vorbei“). Jupp Schmitz, der von 1901 bis 1991 lebte, sind Platz und Denkmal gewidmet.

Auf dem Laurenzplatz steht ein Denkmal zu Ehren Josef Kardinal Frings. Der Erzbischof wuchs den Kölnern im kalten Nachkriegswinter 1946 durch einen besonderen Akt der Nächstenliebe ans Herz: Er erlaubte Klütten (Briketts) zu klauen, um so das nackte Überleben zu sichern. Die Kölner legten es in der für sie typisch großzügigen Art aus und deckte sich nicht zu knapp ein. Dennoch rettete Kardinal Frings wahrscheinlich einigen Kölner das Leben – und die kölsche Selbsthilfe wurde als „fringsen“ weit über die Grenzen Kölns hinaus berühmt.

Zurück geht es über die Kleine Budengasse und „Unter Taschenmacher“. Am Kurt-Hackenberg-Platz endet der Spaziergang beinah dort, wo er begann: auf den Spuren der Römer. Die original römische Straßenpflasterung ist ein echter Härtetest für alle Stöckelschuhe. Noch die Treppen der Neuzeit hinauf und es geht über den meist windigen Roncalliplatz zurück zur Kreuzblume.

Auf die Stolpersteine des Künstlers Gunter Demnig stößt der Spaziergänger, wie hier in der Altstadt, an immer mehr Stellen in der Stadt. Die in den Boden eingelassenen Betonquader mit Messingplatten und Inschrift erinnern an die während des Holocaust deportierten Kölner Juden.

Großes Interesse weckte das neue Wallraf-Richartz-Museum, das eine der bedeutendsten Gemäldegalerien Deutschlands beherbergt. Es ist bereits das vierte Domizil der ständig wachsenden Sammlung.

APOTHEKE

# 2 Ans andere Ufer

Vorige Doppelseite:
Blick über Groß St. Martin und den ehemaligen Immunitätsbezirk des Klosters hinweg Richtung Osten auf das andere Ufer. Links sind die Hohenzollernbrücke und das Hyatt-Hotel zu sehen, rechts der Kirche das Hochhaus der Fluggesellschaft Lufthansa, daneben die Deutzer Brücke.

Schwindelerregend groß: Die Kreuzblume wirkt im Schatten ihres „großen Bruders“ fast verschwindend klein. Im Sommer geht es auf dem Heinrich-Böll-Platz und im angrenzenden Rheingarten bunt zu. Erlaubt ist, was gefällt.

# Köln von seiner Schokoladenseite

Politisch korrekt war das nicht: „Direkt hinter Deutz beginnt Sibirien“, soll der Kölner Oberbürgermeister und erste Bundeskanzler, Konrad Adenauer, einmal gesagt haben – und gleich scheint der Wind merklich kühler zu wehen ... Auf dem Weg zur „Schäl Sick“, zur „falschen“ Rheinseite, wie linksrheinisch Geborene gerne die 1888 anektierte Rheinseite nennen, geht es rechts am Dom vorbei. Hier, wo bis in das 19. Jahrhundert der Haupteingangsbereich der Kathedrale war, tummeln sich im Sommer Straßenkünstler, Skater, Kölner und Touristen bunt durcheinander.

Das Römisch-Germanische Museum wurde direkt über dem „Dionysos-Mosaik“ errichtet, das um 220 nach Christus ursprünglich den Boden einer römischen Villa schmückte. Ein Blick darauf ist schon von außen durch die große Glasfront möglich. Sehenswert ist außerdem die Sammlung römischer Gläser; das Grabmal des Soldaten Lucius Poblicius (40 n. Chr.) wurde am Chlodwigplatz gefunden.

Zwischen „RGM“ und dem Dom liegt „eine Etage tiefer“ die Dombauhütte, deren Werkhof man über die Mauer an der Südseite des Doms gut einsehen kann. Künstlerisch Wertvolles zeigt auch das Museum Ludwig. Das Aachener Fabrikantenehepaar Peter und Irene Ludwig hat Kunstwerke von der russischen Avantgarde über Surrealismus und Expressionismus

bis zur Pop Art gesammelt – eine der weltweit bedeutendsten Kunstsammlungen des 20. Jahrhunderts.
Der Platz vor dem Museumscafé – darunter liegt der Konzertsaal der Philharmonie – ist nach dem berühmtesten Dichtersohn der Stadt und Literatur-Nobelpreisträger Heinrich Böll benannt. Unter dem wachsamen Blick von Kaiser Wilhelm II., der als Reiterstandbild seit 1910 hier verewigt ist, geht es über die Hohenzollernbrücke. Die erste feste Verbindung zwischen Deutz und Köln seit der Römerzeit wurde 1855 für die Köln-Mindener Eisenbahn geschaffen. 1859 wurde sie eingeweiht und bald wegen ihrer engmaschigen Gitterkonstruktion im Volksmund „Muusfall“ (Mausefalle) genannt. Im selben Jahr wurde auch der „Central-Personenbahnhof“ auf der Nordseite des Doms eröffnet.
Die Rheinüberquerung beginnt mit einem Blick auf die Deutzer Skyline: Links das Hotel Hyatt Regency, in dem schon Bill Clinton nächtigte, rechts das Lufthansa-Gebäude und am Horizont das neue Deutzer Wahrzeichen, die Kölnarena. Europas größte Veranstaltungshalle wird wegen ihrer abenteuerlichen Dachkonstruktion von den Kölnern liebevoll „Henkelmännchen“ genannt. Links der Brücke erahnt der Spaziergänger das stetig wachsende Messegelände mit dem Messeturm, den Tanzbrunnen und die Rheinterrassen mit dem Original Kölner „Meeresrauschen“ am Kiesstrand mit Muscheln, Möwen und Strandkörben. Dahinter erstreckt sich bis zur Zoobrücke, wo die Rheinseilbahn zum Kölner Zoo und Skulpturenpark führt, der Rheinpark. Zwischen den Ufern pendelt außerdem eine kleine Fähre namens „Strolch“.
Am Ende der Brücke angekommen, ist noch die alte Rampe der Autostraße zu erkennen, die bis zum

Im Rheinpark auf der „Schäl Sick“ liegt die Kölsche Riviera mit Strand, Muscheln, romantischem Ausblick und vielen Plätzen zum Verweilen. Wen die Füße nicht weiter tragen wollen, dem verspricht eine Fahrt mit der Rheinseilbahn ganz neue Perspektiven. Sie führt zurück auf die linke Rheinseite mit Zoo, Botanischem Garten und Skulpturenpark. Zu der Station gelangt, wer hinter der Hohenzollernbrücke links durch den Rheinpark bis an den Fuß der Zoobrücke geht.

Hoppla! Die Freiheitsstatue in Köln? Manch ein Tourist mag gegrübelt haben, ob er sich nicht verflogen hat, aber der Kölner gibt sich gern weltstädtisch. Diese Werbeaktion verfehlte auf jeden Fall nicht ihren Zweck ...

Zweiten Weltkrieg neben den Eisenbahnschienen verlief. Der Weg führt rechts herum zu den Treppen, dem allerschönsten Punkt für Dom-Erinnerungsfotos – und das ganz ohne Verrenkungen.

An dem Brückenpfeiler selbst findet sich eine überraschende Inschrift: Die rheinische Sektion des „Alpenvereins" hat hier eine ihrer offiziellen Kletteranlagen – und bei schönem Wetter krackseln flinke Vereinsmitglieder um die Wette die Wand hinauf. Weiter geht's am Nobelhotel Hyatt das Kennedyufer entlang bis zur Deutzer Brücke. Zwei Wendeltreppen schlängeln sich den stählernen Riesen herauf. Die nördliche, zum Dom gelegene ist fototechnisch mehr zu empfehlen. Die schönste Belohnung für alle, die den langen Weg bis hierhin durchgehalten haben, ist das Altstadtpanorama mit Dom und Groß St. Martin.

Einem gläsernen Palast gleicht schon von weitem das 1988 errichtete Hotel Maritim des Architekten Gottfried Böhm am Heumarkt. Innen gibt es eine Passage mit edlen Ladenlokalen und Cafés. Ein Clou ist der gläserne Aufzug rheinwärts, der zum „Café Bellevue" führt. An der Nobelherberge vorbei geht es in die viel befahrene Pipinstraße, dort führt alsbald eine unscheinbare Treppe hinauf zum Lichhof. Jener „Leichenhof" war einmal der Friedhof eines Benediktinerinnenklosters. Es ist bereits für das 7. Jahrhundert bezeugt, als Plektrudis hier das erste Frauenkloster des Kölner Bistums begründete. Nach der Schließung des Stifts hatte die letzte Äbtissin von 1804 bis 1806 in ihrem Äbtissinnenhaus in der Kasinostraße 3 jenseits der Kirche niemand Geringeren als den Schriftsteller, Kulturphilosophen und Sprachforscher Friedrich von Schlegel zum Untermieter. Die Kirche St. Maria im Kapitol wurde auf dem Fundament des Tempels der „capitol"-inischen

Götter Jupiter, Juno und Minerva errichtet, woher ihr Name rührt. Südlich der Kirche steht das einzige, noch erhaltene Tor des ehemaligen Immunitätsbezirks, das „Dreikönigenpförtchen". Die Figurengruppe (Kopie) der das Jesuskind verehrenden Weisen aus dem Morgenland stammt aus dem 14. Jahrhundert. Der Legende nach sollen die Gebeine der Heiligen Drei Könige 1164 durch dieses Tor in die Stadt gebracht worden sein.

Linkerhand gelangt man über die viel befahrene Straße „Am Malzbüchel" in die Rheingasse. Das Overstolzenhaus ist das einzige erhaltene romanische Patrizierhaus Kölns. Über das kleine, aber gar nicht feine Börsengässchen geht es zurück zum Heumarkt. Der Spaziergang führt am Brauhaus Malzmühle (von 1572 bis 1853 stand hier die Ratsmalzmühle) und der Handelskammer entlang zu einem wirklich seltsamen Vogel. Seit 1999 sitzt der komische Kautz schon am Ufer und hat seitdem den Fleck nie verlassen – obwohl er höchst lebendig ist. Der Solarvogel des Künstlers Odo Rumpf reagiert auf Sonnenstrahlen.

Wie ein riesiges Schiff liegt das Imhoff-Stollwerck-Museum, besser bekannt als Schokoladenmuseum, mit seiner riesigen Panoramaglasfront im Rhein. Es besteht aus Teilen des alten Hafenzollamtes von 1896 und einem modernen Anbau. Hier kann man im Tropenhaus echte Kakaobäume bestaunen, etwas über die Geschichte und Technik der Schokoladenherstellung erfahren und sich schließlich am sprudelnden Schokoladenbrunnen laben. Der Malakoffturm davor wurde 1855 als Bastion der preußischen Befestigungsanlagen errichtet und nach einem Kriegshelden des Krimkrieges benannt. Über die alte Drehbrücke gelangt man zudem zum Sport-

Inmitten der Stadt und dennoch beschaulich: „Die Trauernde" von Gerhard Marcks – er verlor während des Zweiten Weltkriegs seinen Sohn – lädt den Besucher des Lichhofs von St. Maria im Kapitol zum Nachdenken ein. Rund um die Kirche gibt es jede Menge zu entdecken.

Wer es lieber sportlich mag, ist im Sport- und Olympiamuseum genau richtig. Es liegt gleich neben dem Schokoladenmuseum, direkt am Rhein.

**Begegnungen der seltsamsten Art sind im Rheingarten möglich. Wo heute im Schatten von Groß St. Martin und Stapelhaus eine Grünanlage mit Steinskulpturen und Wasserspielen zum Verweilen einlädt, brauste früher der Verkehr – bis in den 1980er Jahren der Rheinufertunnel gebaut wurde und die Autos unter der Erde verschwanden.**

und Olympiamuseum, auf dessen Dach Kölns höchster Fußballplatz liegt. Hier beginnt der Rheinauhafen, der 1891/98 durch Verbinden der Rheininsel Werthchen mit dem Ufer entstand.

Zurück am Rhein entlang sind es nur wenige Minuten, bis hinter der Deutzer Brücke und noch ein Stück hinter einer Fahrradverleih-Station der Kölner Rheinpegel auftaucht. Er warnt vor Hochwasser, das beinah schon zu einem festen Termin im Kalender geworden ist. Im deutschen Stil ist das Haus der Schifffahrtsgesellschaft gegenüber gebaut. Von hier aus ist schon das „Stapelhaus" zu erkennen, das 1558 als Fischkaufhaus errichtet wurde. Dieser Teil der Altstadt mit seinen schmalen, hohen Dachgiebeln, den engen Gassen und dem buckeligen Straßenpflaster ist typisch für das alte Köln.

Im Rheingarten mit seinen Wasserspielen und Steinskulpturen lassen Touristen wie Kölner im Sommer gern die Seele baumeln. Kurz vor dem Ende des Gartens befindet sich die Rheingarten-Skulptur von Eduardo Paolozzi in Form von Steinquadern in einer Wasserlandschaft, die an einen versinkenden Kahn erinnert. A propos Kahn ... von hier fahren die Ausflugsschiffe der Köln-Düsseldorfer (KD) ab, deren Geschichte 1826 mit der Gründung der „Preußisch-Rheinischen Dampfschifffahrtsgesellschaft" begann.

Am Fuße der Hohenzollernbrücke steht das Mahnmal „Totgeschlagen – Totgeschwiegen" zum Gedenken an die homosexuellen Opfer des Nationalsozialismus. Die schmalen Treppen direkt an der Brücke führen wieder hoch in Richtung Museum Ludwig – geradewegs auf die Ma'alot-Säule des israelischen Künstlers und Gestalters des Heinrich-Böll-Platzes, Dani Karavan, zu. Wie bei einer archaischen Kultstätte

Unbefugten ist das
Betreten des Daches
aus Sicherheitsgründen
verboten

durchdringt das Sonnenlicht den „Stufenturm" aus Gusseisen und Granitblöcken.
Rechts um den Dom herum liegen auf dem Domfriedhof 48 Domherren begraben. Eine moderne Goldstehle markiert den Eingang zur Domschatzkammer, wo zwischen römischen und mittelalterlichen Mauern Schätze aus Gold und Edelsteinen blenden. Ein Aufzug führt bis zu zehn Meter tief in die Römerzeit. Im Hauptbahnhof locken seit dem millionenschweren Umbau in den „Colonaden" zahlreiche Geschäfte und eine Markthalle mit vielen kulinarischen Versuchungen. Aus dem „Alten Wartesaal" des Bahnhofs ist eine Disco mit Restaurant geworden. Besitzer: Fernseh-Koch Alfred Biolek. Auf der Domplatte, vor dem Tourismus-Office, steht ein Seiteneingang des römischen Nordportals. Hier hauchte im Mittelalter manch ein Gehängter seinen letzten Lebensatem aus. Heute ist es ein beliebter Treffpunkt für Jugendliche. Verweilen: ungefährlich.

Winteridylle im Rheingarten. An der Mauthgasse liegt ein Lokal neben dem anderen: vom kölschen Brauhaus bis zur karibischen Cocktail-Bar. Hier kommt jeder auf seine Kosten. Die Preise sind nämlich „Rheinblick inklusive".

Folgende Doppelseite: Sesam öffne dich! Auch der Ausblick, den der Regierungspräsident vom Dach seiner Behörde in der Zeughausstraße genießt, ist nicht zu verachten.

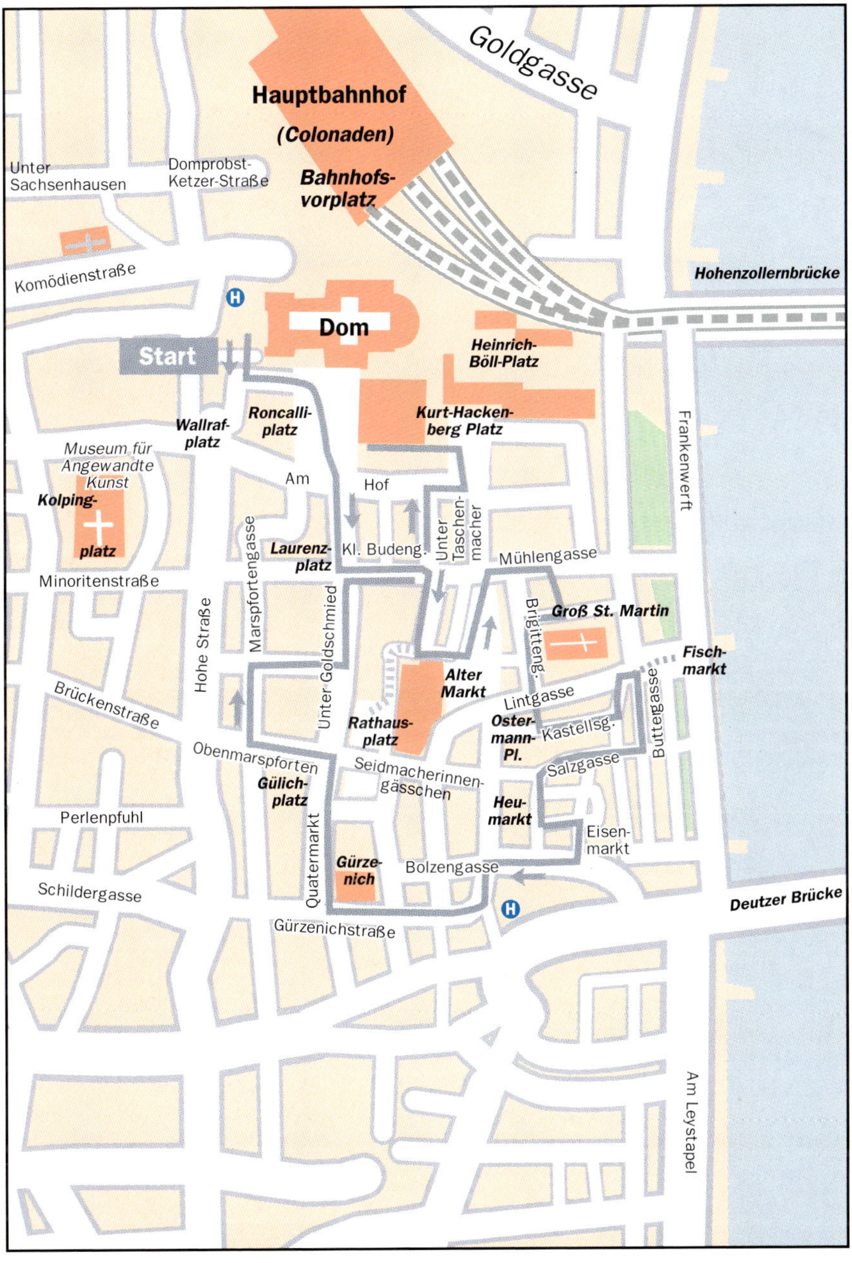
Goldgasse
Hauptbahnhof
(Colonaden)
Bahnhofs-
vorplatz
Unter
Sachsenhausen
Domprobst-
Ketzer-Straße
Komödienstraße
Hohenzollernbrücke
H
Dom
Start
Heinrich-
Böll-Platz
Roncalli-
platz
Kurt-Hacken-
berg Platz
Wallraf-
platz
Museum für
Angewandte
Kunst
Kolping-
platz
Am
Hof
Frankenwerft
Marspfortengasse
Laurenz-
platz
Kl. Budeng.
Unter
Taschen-
macher
Mühlengasse
Minoritenstraße
Hohe Straße
Unter Goldschmied
Brigitteng.
Groß St. Martin
Fisch-
markt
Alter
Markt
Brückenstraße
Lintgasse
Buttergasse
Rathaus-
platz
Oster-
mann-
Pl.
Kastellsg.
Obenmarspforten
Seidmacherinnen-
gässchen
Salzgasse
Gülich-
platz
Heu-
markt
Perlenpfuhl
Quatermarkt
Eisen-
markt
Gürze-
nich
Bolzengasse
Schildergasse
Deutzer Brücke
H
Gürzenichstraße
Am Leystapel

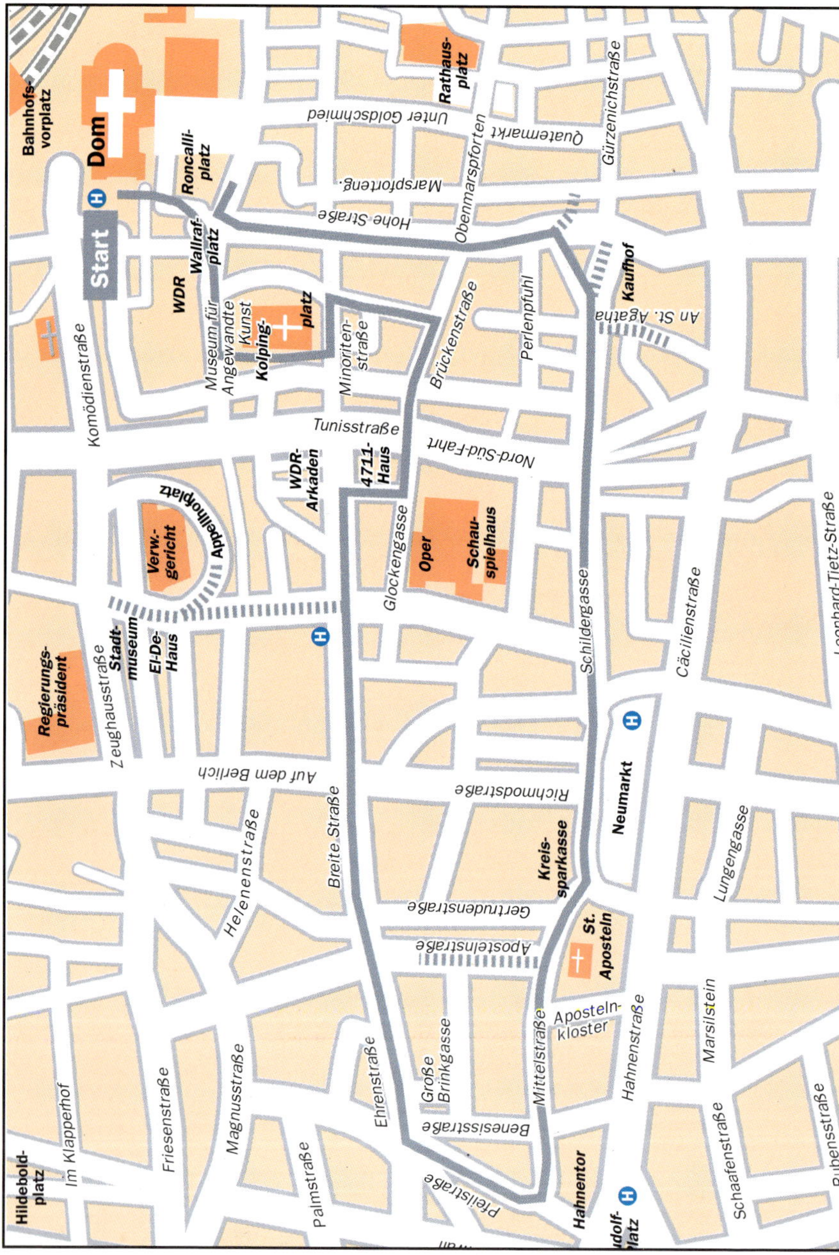
Bahnhofs-
vorplatz
Dom
Roncalli-
platz
Rathaus-
platz
Unter Goldschmied
Quatermarkt
Marspforteng.
Hohe Straße
Obenmarspforten
Gürzenichstraße
Start
WDR
Wallraf-
platz
Museum für
Angewandte
Kunst
Kolping-
platz
Minoriten-
straße
Brückenstraße
Perlenpfuhl
Kaufhof
An St. Agatha
Komödienstraße
Tunisstraße
Nord-Süd-Fahrt
WDR-
Arkaden
4711-
Haus
Appellhofplatz
Verw.-
gericht
Glockengasse
Oper
Schau-
spielhaus
Schildergasse
Cäcilienstraße
Leonhard-Tietz-Straße
Regierungs-
präsident
Zeughausstraße
Stadt-
museum
El-De-
Haus
Neumarkt
Auf dem Berlich
Richmodstraße
Breite Straße
Helenenstraße
Kreis-
sparkasse
Gertrudenstraße
Apostelnstraße
St.
Aposteln
Lungengasse
Apostelnkloster
Mittelstraße
Hahnenstraße
Marsilstein
Ehrenstraße
Große
Brinkgasse
Magnusstraße
Friesenstraße
Im Klapperhof
Hildebold-
platz
Benesisstraße
Palmstraße
Pfeilstraße
Hahnentor
Schaafenstraße
Rubensstraße

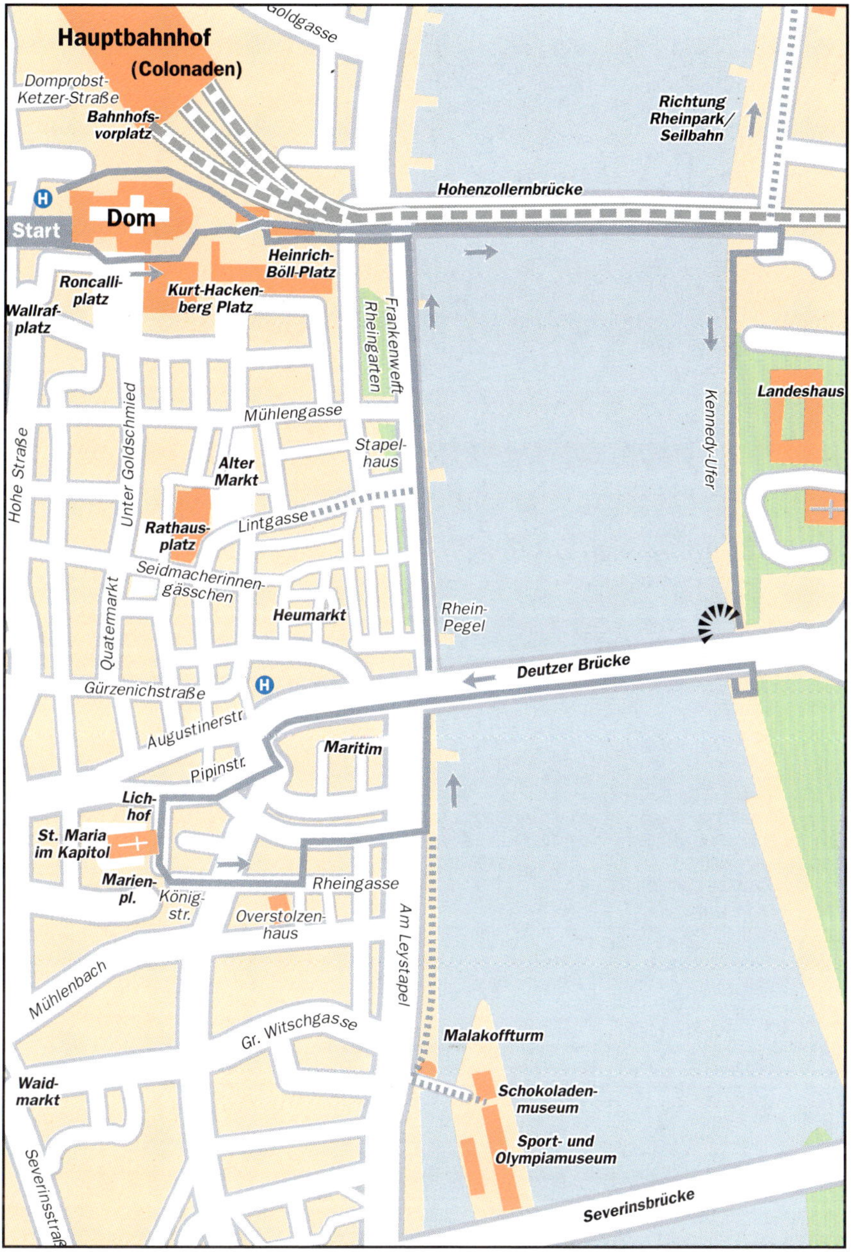
Hauptbahnhof
(Colonaden)
Goldgasse
Domprobst-Ketzer-Straße
Bahnhofs-vorplatz
Richtung Rheinpark/ Seilbahn
Hohenzollernbrücke
Dom
Start
Heinrich-Böll-Platz
Roncalli-platz
Kurt-Hacken-berg Platz
Wallraf-platz
Frankenwerft
Rheingarten
Landeshaus
Kennedy-Ufer
Mühlengasse
Stapel-haus
Alter Markt
Hohe Straße
Unter Goldschmied
Rathaus-platz
Lintgasse
Seidmacherinnen-gässchen
Heumarkt
Rhein-Pegel
Quatermarkt
Deutzer Brücke
Gürzenichstraße
Augustinerstr.
Maritim
Pipinstr.
Lich-hof
St. Maria im Kapitol
Marien-pl.
König-str.
Rheingasse
Overstolzen-haus
Am Leystapel
Mühlenbach
Gr. Witschgasse
Malakoffturm
Waid-markt
Schokoladen-museum
Sport- und Olympiamuseum
Severinsstraße
Severinsbrücke

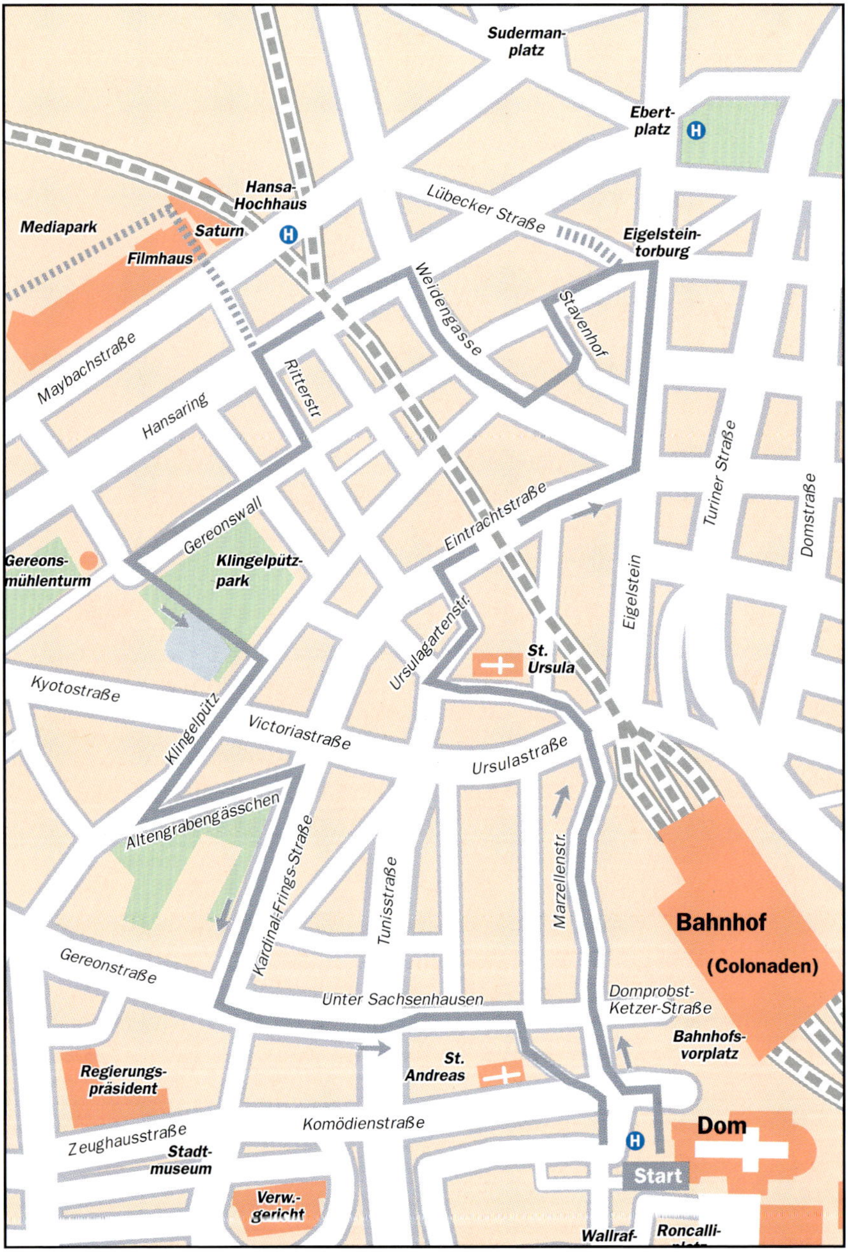
Suderman-
platz
Ebert-
platz
Hansa-
Hochhaus
Mediapark
Saturn
Filmhaus
Lübecker Straße
Eigelstein-
torburg
Weidengasse
Stavenhof
Maybachstraße
Ritterstr.
Hansaring
Turiner Straße
Domstraße
Eintrachtstraße
Gereonswall
Gereons-
mühlenturm
Klingelpütz-
park
Eigelstein
Ursulagartenstr.
St.
Ursula
Kyotostraße
Klingelpütz
Victoriastraße
Ursulastraße
Altengrabengässchen
Kardinal-Frings-Straße
Tunisstraße
Marzellenstr.
Bahnhof
(Colonaden)
Gereonstraße
Unter Sachsenhausen
Domprobst-
Ketzer-Straße
Bahnhofs-
vorplatz
St.
Andreas
Regierungs-
präsident
Komödienstraße
Dom
Zeughausstraße
Stadt-
museum
Start
Verw.-
gericht
Wallraf-
Roncalli-

Notausgang

erlitz
NBLICK

3

# Auf Shopping-Tour

# Kaufrausch und Kölnisch Wasser

Kreuzblume mit Puderzucker: In Köln schneit es selten, aber wenn, wird der Schnee in der Innenstadt zuerst zu Matsch. Dann tröstet sich der Kölner mit einer ausgedehnten Einkaufs-Tour ... und garantiert bricht als erstes der Verkehr zusammen.

Vorige Doppelseite: Einkaufs-Marathon. Besonders an den Samstagen vor Weihnachten und so genannten „superlangen" Samstagen wird es auf der Schildergasse so richtig eng und „gemütlich". Gesellige Menschen wie die Kölner kennen eben keine Berührungsängste.

Weihnachten kommt, wie jedes Jahr, völlig überraschend. Über die Hohe Straße schieben sich die Menschenmassen mehr als dass sie gehen. Dabei gibt es auch jenseits Kölns prominentester Einkaufsstraße viel zu entdecken. Von der Kreuzblume geht es rechts am Domforum vorbei. Der sechsgeschossige Bau wurde 1952 von Fritz Schaller entworfen, dem auch die Rechte an der Domplatte gehören, über deren Neugestaltung seit Jahren heftig gestritten wird. Noch vor Erreichen der Hohe Straße führt der Weg rechts über den Wallrafplatz, benannt nach dem ehemaligen Universitätsdirektor, Theologen und ersten Ehrenbürger der Stadt Ferdinand Franz Wallraf, der mit seiner Sammelleidenschaft im 18. Jahrhundert den Grundstock für die Kunstmuseen der Stadt legte. Auf dem heutigen Wallrafplatz stand die alte Domprobstei, in der das „Multitalent" wohnte. Heute hat an dieser Stelle unter anderem das WDR-Funkhaus seinen Sitz. Die Studiogebäude können besichtigt werden.

„An der Rechtsschule", vor dem Museum für Angewandte Kunst, begegnen wir Wallraf „leibhaftig": auf einem Sockel sitzt er als überlebensgroße Bronzefigur neben dem Museumsstifter Johann Heinrich Richartz, beides Statuen von Wilhelm Albermann.

Der Grund: hier, auf dem Gelände eines ehemaligen Minoritenklosters, hatte das Wallraf-Richartz-Museum seinen ersten Sitz. Von dem Kloster blieb nur der gotische Kreuzgang erhalten, der 1957 in das schöne Museums-Café integriert wurde. In dem Museum findet sich neben „Design“ aus verschiedenen Jahrhunderten eine „kölsche Spezialität“: die so genannten Bartmannkrüge sind mit bärtigen Gesichtern geschmückt.

Über den Kolpingplatz geht es Richtung Minoritenkirche, der einzigen erhaltenen Bettelordenskirche in Köln. In dem kleinen Park steht neben römischen Sarkophagen und einem Stück der antiken Wasserleitung das Denkmal Adolph Kolpings. Der „Gesellenvater“ war in der Minoritenkirche zum Priester geweiht worden und wurde als Gründer des Gesellenvereins und für sein soziales Engagement weltberühmt. Über die Ludwigstraße geht es weiter bis zum „Dischhaus“. Carl Damian Disch hatte 1848 an dieser Stelle ein Hotel gegründet, das 1929 einem Verwaltungsgebäude weichen musste. Dieses gilt heute als eines der bedeutendsten Baudenkmäler der 1920er Jahre in Köln, ein Schmuckstück ist das geschwungene Treppenhaus.

Die Ursprünge der ältesten Kölner Pfarrkirche St. Kolumba reichen bis in das 8. Jahrhundert zurück. Ein Wunder, so sagen die Kölner: Trotz schwerer Kriegszerstörung blieb die Madonnenstatue (um 1460) erhalten. Gottfried Böhm baute die ehemalige Vorhalle der Kirche, deren Trümmer als Mahnmal dort belassen wurden, zu einer Kapelle um. Seither heißt sie „St. Maria in den Trümmern“.

Die Straße, die seit 1962 wie eine Schlucht die Innenstadt teilt, wird Nord-Süd-Fahrt genannt – obwohl sie an dieser Stelle Tunisstraße heißt. Auf der

Der Wallrafplatz ist das Eingangstor zur „Hohe Straße“, Kölns Einkaufsmeile Nummer eins. Aber er ist gleichermaßen ein Platz zum Verweilen. Hier wohnte einst der erste Ehrenbürger der Stadt Ferdinand Franz Wallraf, einer der Väter des Wallraf-Richartz-Museums.

3

**Wenn auch nicht das älteste, so aber doch das schönste Haus, in dem Kölnisch Wasser zu Hause ist. Das neugotische 4711-Haus an der Glockengasse beheimatet naturgemäß eine Parfümerie. Wer mehr Information zum gerade erstandenen Duftwässerchen haben möchte, besucht die kleine historische Ausstellung auf der Galerie.**

anderen Seite liegt der Offenbachplatz, mit der Oper (1954-57 nach Plänen des Architekten Wilhelm Riphahn erbaut) und dem Schauspielhaus. Vor dem Krieg stand hier – bis sie niedergebrannt wurde – eine Synagoge. In der Glockengasse steht das 4711-Haus, in dem Wilhelm Mülhens 1792 begann, sein „Kölnisch Wasser“ zu produzieren. 1796 ordnete die französischen Besatzung Hausnummern an: Mülhens' Haus erhielt die Zahl 4711. Ein Markenzeichen war geboren. Johann Maria Farina, der 83 Jahre zuvor das Duftwässerchen „erfunden“ hatte, und Dutzende anderer Herstellern auf seinen Spuren, die „Eau de Cologne“ in alle Welt exportierten, hatten das Nachsehen. Tagsüber ertönt zu jeder vollen Stunde ein Glockenspiel zum Tanz von Holzfi-

guren; ein kleines Museum im Obergeschoss erzählt die Geschichte des Wunderwassers, das ursprünglich sogar innerlich gegen Zahn- und Kopfweh, Gelbsucht und die Pest angewandt wurde.
Die Schwertnergasse endet vor den markanten WDR-Arkaden. Im Erdgeschoss, bei „alfredo", trinkt man den besten Cappucino der Stadt und im Untergeschoss kann man werktags um 19.30 Uhr – nur durch eine Glasscheibe getrennt – live bei der Entstehung der lokalen Nachrichtensendung im TV-Studio dabei sein.
Die Breite Straße ist typisch für das neue Kölner Innenstadt-Flair: Antiquariate liegen neben gutbürgerlichen Kneipen. Kleine Restaurants und Marktstände verleihen der Meile im Sommer, wenn alles draußen sitzt, ein wahres mediterranes Flair. Es geht weiter nach links, und der Blick fällt auf der rechten Seite bald auf den neuesten Einkaufsmagneten der Stadt: das DuMont-Carré. An der Ecke zur Neuen Langgasse stand von 1847 bis 1998 das Pressehaus der Kölner Verlegerfamilie DuMont Schauberg. Ein Aufstieg über die Freitreppe an der Seite des Einkaufszentrums auf das Dach des Neubaus lohnt sich, hier ist mitten in der Stadt eine wahre Wohn-Oase entstanden.
Über die Neven-DuMont-Straße ist ein Abstecher Richtung El-De-Haus möglich. Die Gedenkstätte wurde nach den Initialen von Leopold Dahmen benannt, der 1935 gezwungen wurde, sein Haus an die Nazi-Polizei Gestapo zu vermieten. Häftlinge mussten sich in den Kellerräumen ihr eigenes Gefängnis bauen. Die Zellen mit bewegenden Inschriften sind zu besichtigen. Ein Katzensprung ist es zum Stadtmuseum im historischen Zeughaus mit dem berühmten Flügelauto von HA Schult auf dem

**Gegensätze ziehen sich an. Im katholischen Köln, dem „hellijen Kölle", ziehen Gläubige durch die Straßen, hier eine Lichterprozession an der Neven-DuMont-Straße. Auf dem Neumarkt ziehen dagegen „Prozessionen" der anderen Art das Publikum magnetisch an.**

Dach und zum alten Amtsgericht von 1826 am Appellhofplatz. Seine denkmalgeschützten Treppenhäuser dienten schon häufig als Kulisse für Dreharbeiten.

Zurück zum DuMont-Carré geht es weiter über die verkehrsberuhigte Breite Straße. Ihren Charme machen ab hier vor allem die kleinen Geschäfte aus, etwa ein liebenswerter Postkarten-Laden oder einer nur für Küchenzubehör, ein anderer nur für Malerbedarf, nur für Käse oder Regenschirme. Das kleine Gertrudenplätzchen mit dem Blumenladen ist die Pforte zur Modemeile Ehrenstraße, wo die bekannte Kunstbuchhandlung Walther König Bücher und Kunstkataloge aus aller Welt anbietet. Zahlreiche Boutiquen und In-Cafés wie das „Spitz" und das „4 Cani" ziehen vor allem junges Publikum an.

Über die Pfeilstraße gelangt man zur Edel-Einkaufsmeile Mittelstraße. Ein Blick nach rechts und die Hahnentorburg taucht auf. Von den Zwillingstürmen des mittelalterlichen Stadttors führte im 13. Jahrhundert eine 70 Kilometer lange Straße bis zu einem Pendant auf Aachener Stadtgebiet. Heute ist das Denkmal Sitz der Karnevalsgesellschaft Ehrengarde.

Hähne gab es übrigens an der Hahnentorburg nie besonders viele – die Bezeichnung ist vielmehr mit einem Nachbarn namens Hageno zu erklären.

Die Mittelstraße weiter hinauf führt zum Einkaufszentrum „Bazaar de Cologne" und der Kirche St. Aposteln, wo dienstags und freitags ein

**Die Kleine Brinkgasse verbindet die „In-Meile" Ehrenstraße mit der Großen Brinkgasse. Sie steht mit ihren Neubauten für eine neue Generation von Geschäften, die vor allem ein jüngeres Publikum ansprechen.**

beliebter Wochenmarkt stattfindet. Die Kirche gilt als eines der Hauptwerke der romanischen Baukunst. Erzbischof Pilgrim ließ den Bau Anfang des 11. Jahrhunderts unmittelbar an den Resten der römischen Stadtmauer errichten. Über eine höher gelegene Tür, die noch heute vom Neumarkt aus sichtbar ist, gelangten die Kölner über die Römermauer ins Innere. An der Nordseite der Kirche wurde 1995 dem Alt-Bundeskanzler, Ex-Oberbürgermeister und Ehrenbürger Konrad Adenauer ein Denkmal gesetzt. Er war „um die Ecke", Apostelnkloster, zur Schule gegangen.

Die Apostelnstraße, in die „der Alte" blickt, ist eine der schillerndsten und zugleich abwechslungsreichsten Straßen Kölns. Aus dem ehemaligen Porno-Kino „Gloria" ist ein großer Veranstaltungsraum für Konzerte, Comedy und Disco vor allem für das schwul-lesbische Publikum geworden. Originelle Geschäfte wie ein Filzgeschäft, eine Wild-Metzgerei und eine Bäckerei wie zu Großmutters Zeiten prägen ebenso das Bild.

Der mehr als 900 Jahre alte Neumarkt diente im Mittelalter als Viehmarkt, während der französischen Besatzung (1794 – 1815) bot er großen politischen Massenkundgebungen Raum. Im 19. Jahrhundert formierten sich hier die Karnevalisten, bevor sie zum Rosenmontagszug aufbrachen. Eine Bebauung ist damals wie heute Tabu. Zu römischer Zeit befand sich hier eine Wohngegend – und unter dem Platz werden noch wertvolle Römerfunde vermutet. Am Neumarkt 33 hatte der bekannte Kölner Liedermacher Willi Ostermann seinen letzten Wohnsitz, woran eine kleine Plakette erinnert. Die Kreissparkasse ist auch ohne Konto dort einen Besuch wert. Die Halle mit Kölnisch-Wasser-Brunnen und

Man muss mit der Zeit gehen ... Im Sommer hat die Apostelnkirche nahe dem Neumarkt einen eigenen Biergarten, genannt „Café 12aposteln". Ab und zu kellnert Pfarrer Christoph Biskupek persönlich, um dabei mit den Menschen ins Gespräch zu kommen.

Der nahe gelegene Neumarkt ist nicht nur einer der wichtigsten Verkehrsknotenpunkte der Stadt, sondern auch ein wandlungsfähiger Veranstaltungsort: von der Beton- zur „echten" Wüste für Beachvolleyball-Turniere ist es nur ein kleiner Schritt.

Zum Dahinschmelzen: Eine überdimensionale Eistüte des Pop-Art-Künstlers Claes Oldenburg ziert das Dach der „Neumarkt-Galerie", deren unterirdisches Labyrinth auch den Olivandenhof und Karstadt mit der Verteilerebene der U-Bahn verbindet.

eigenem Geldmuseum ist auf jeden Fall imposant. In der Neumarkt-Passage führt ein gläserner Aufzug zum Käthe-Kollwitz-Museum hinauf, das Zeichnungen, Grafiken und einige Plastiken der Künstlerin ausstellt, die sich besonders in den 1920/30iger Jahren gegen soziale Ungerechtigkeit engagierte, die sie auch in ihren Werken einfühlsam thematisiert.

Die zwei Pferdeköpfe, die in der Richmodstraße von einem Turm herabschauen, sind die hölzernen Zeugen einer weiteren Kölner Legende. Im Pestjahr 1349 kehrte die totgeglaubte Richmodis von Aducht unversehrt zu ihrem Mann, Mengis von Aducht, zurück. Der meinte, eher gingen zwei Pferde seinen engen Treppenturm hinauf und wieherten oben zum Fenster hinaus als dass dies möglich sei. Schon liefen seine Schimmel die steile Stiege hinauf und Mengis erkannte, dass seine geliebte Richmodis kein Gespenst war. Später ließ das Ehepaar aus Dank die beiden Pferdeköpfe anbringen.

Die Neumarkt-Galerie führt trockenen Fußes von der Schlemmer-Meile mit ihren Geschäften bis zum Eingang in die Kölner Verkehrsunterwelt. Eine weitere, aber um einige Millionen Kalorien schwerere Versuchung – zumindest theoretisch – ziert das Dach der Galerie. „Dropped Cone" haben Pop-Art-Künstler Claes Oldenburg und seine Frau Coosje van Bruggen ihre Eistüten-Skulptur genannt, die seit März 2001 dahinschmilzt.

Die Schildergasse, benannt nach den Schilder-Malern, deren Werkstätten und Zunfthaus hier beheimatet waren, war schon immer ein Magnet für Menschen unterschiedlichster Coleur. Franz Stollwerck gründete in der Schildergasse 49 sein „Deutsches Kaffeehaus" mit Theater, und bis 1924 spielte hier das Millowitsch-Theater im „Kolosseum“. Das Stollwerck-Café war der zentrale Treffpunkt der revolutionären 1848er Bewegung. Hier wurde der „Kölner Arbeiterverein“ gegründet, Karl Marx und Friedrich Engels haben hier zu Mittag gegessen.

Die Antoniterkirche ist so etwas wie der „McDonalds“ unter den Kirchen und eines der wenigen Gotteshäuser ohne Turm. Auch eiligen Einkaufskunden wird mit der Zehn-Minuten-Andacht eine Möglichkeit zur Besinnung gegeben und das politische Engagement in der Gemeinde gab schon seit den 1968er Jahren immer wieder Grund für kontroverse Diskussionen.

Fernab vom großen Strom der City-Besucher, in einer kleinen Seitenstraße der Schildergasse kurz vor dem Kaufhof, steht in „An St. Agatha“ das „Kölner Honig Haus“ der Familie Müngersdorff. Der Duft nimmt einen sofort gefangen. Hier gibt es alles, was mit Honig hergestellt werden kann: Honig-Met, Honig-Kerzen, Honig-Wachsmalsstifte und sogar Honig-Gummibärchen. Nur ein paar Häuser weiter liegt das „Trödelcafé“ – eine Mischung aus Café und Antiquitätenladen. Die Stimmung zwischen Lüstern und Madonnenfiguren ist urgemütlich. Das Kuriose: fast alle Einrichtungsgegenstände sind käuflich.

Bierbrunnen wird die neun Meter hohe Granitsäule genannt, von der wie eine transparente Haut unaufhörlich Wasser herunterrinnt. Seinen Spitznamen erhielt der Brunnen, weil der Stifter – der ehemalige Getränkegroßhändler Harzheim – zur Einweihung 8000 Liter Kölsch spendierte. Seitdem wird behauptet, an einem Tag des Jahres fließe Bier statt Wasser aus dem Brunnen.

An der Kreuzung von Schildergasse und Hohe Straße stehen zwei Bauten, deren monumentale Archi-

In Köln leben 1.017.721 Menschen aus 150 Nationen. Jeder fünfte ist nicht deutscher Abstammung. Dadurch hat sich die Metropole den Ruf als besonders tolerante und weltoffene Stadt erworben.

„Rush hour" auf der Hohe Straße mit Durchgangsverbot für Kinderwagen und Hunde als Kulisse für Dreharbeiten. Nur einmal musste die alte Römerstraße tatsächlich wegen Überfüllung gesperrt werden. Einsam und vor allem windig kann es dagegen auf der Domplatte werden.

tektur den Geist der Jahrhundertwende widerspiegelt: das Geschäftshaus Palatium (heute Hansen) und der Kaufhof gegenüber, das ehemalige Warenhaus Tietz. Im April 1891 hatte Alfred Leonhard Tietz sein erstes großes Warenhaus in der Hohe Straße eröffnet und schon damals waren die Kölner im Kaufrausch – innerhalb von fünf Tagen war das Warenhaus Tietz ausverkauft. Mit dem Neubau Ecke Schildergasse/Hohe Straße krönte Tietz 1914 sein Lebenswerk. Zum Glück erlebte er nicht mehr mit, wie im Jahr 1933 seine Leonhard Tietz AG als so genanntes „jüdisches Kaufhaus" eines der ersten Opfer von Enteignung und Zwangsarisierung wurde. Doch nach wie vor ist das ehemalige Warenhaus Tietz mit der barock-klassizistischen Fassade ein architektonisches Schmuckstück. Im Stil der Gründerzeit sind die Abteilungen um das Atrium mit seinem großen Kronleuchter angeordnet. 1952 setzten sich hier die ersten Rolltreppen Deutschlands in Bewegung.

Bevor die Shopping-Tour auf der alten Römertrasse Hohe Straße fortgesetzt werden kann, geht es geradeaus: „In der Höhle" war früher einmal eine schmale und verwinkelte Gasse. Hier arbeiteten und wohnten ein paar Jahre lang Karl Marx und Friedrich Engels. Die Geschichte der Hohe Straße reicht bis in die Römerzeit zurück, die sie als Verbindungsweg vom nördlichen bis südlichen Tor der Garnisonsstadt „Colonia Claudia Ara Agrippinensium" angelegt hatten. Ihr Name spielt auf die hochwassersichere Lage an, die schon die Römer für ihre Warenlager und Geschäfte nutzten.

Am Ende der Hohe Straße steht das Stollwerckhaus. Hier richtete Franz Stollwerck 1865 seine erste Süßwarenfabrik ein. Die Stollwerck-Passage verbindet die Hohe Straße mit der Straße „Am Hof", wo der berühmte Heinzelmännchen-Brunnen liegt. Einer Kölner Sage zufolge haben früher Heinzelmännchen die Alltagsarbeit in Haus und Werkstatt heimlich nachts verrichtet. Dahinter liegt das Brauhaus Früh, das zu einer abschließenden Einkehr einlädt. Hier könnte jeder so lange sitzen wie er wollte, da ja die Heinzelmännchen die Arbeit erledigten. Wenn, ja, wenn eine neugierige Schneidersfrau die Heinzelmännchen nicht überrascht und so für immer vertrieben hätte ...

**Die Schneidersfrau überrascht die Heinzelmännchen mit ihrer Laterne. Der Brunnen von Heinrich Renard wurde 1899 anlässlich des 100. Geburtstages von August Kopisch errichtet. Der Maler und Schriftsteller hatte die Kölner Sage – von ihm in Reimform gebracht – deutschlandweit bekannt gemacht. Ruhm brachte ihm außerdem die Wiederentdeckung der „Blauen Grotte" auf Capri – aber das ist eine andere Geschichte.**

NAPOLI PIZZA HAUS
Gilden Kölsch
IMBISS
DÖNER
BUNTE
hier
Rundschau
R
EXPRESS
langnese

# 4 Hinterm Dom geht's weiter ...

4

Vorige Doppelseite:
Eine echte Rarität in Köln ist die Lübecker Straße, die fast vollständig vom Krieg verschont blieb, wie die Gründerzeithäuser zeigen.

Die Kreuzblume, ins rechte Licht gerückt, ist gar nicht so hässlich wie manche meinen. Die Originale zieren die beiden Türme des Kölner Doms. So ist es in inzwischen 13 Sprachen – darunter Kölsch – auf der Replik zu lesen.

# Kluge Köpfe und Kaktusfeigen

Wer ein echter Kölner ist, der verspürt jetzt einen stechenden Schmerz in der Herzgegend, aber es ist für diesen Rundgang nun einmal unvermeidlich: dem Dom wird der Rücken zugewandt. Der letzte Stadtspaziergang führt an der U-Bahnhaltestelle „Dom/Hauptbahnhof" vorbei Richtung Komödienstraße.

Am kleinsten Souvenirshop Kölns „Dom Corner" vorbei geht es über die Kreuzung in die Marzellenstraße. „An den Dominikanern" steht für das ehemalige Dominikanerkloster Heilig Kreuz, dem Zentrum des alten Universitätsviertels. Dominikaner, Jesuiten und Minoriten siedelten sich hier an, darunter Albertus Magnus, der 1248 mit der Gründung und Leitung des Generalstudiums der Dominikaner betraut wurde. Die daraus sich entwickelnde und 1388 gegründete Universität war die erste von einer Stadt gegründete Hochschule im deutschsprachigen Raum. Dahinter erhebt sich – zart rosa – die ehemalige Jesuiten- und heutige Pfarrkirche St. Mariä Himmelfahrt. Auch wenn die barocke Kirche in der heutigen Umgebung etwas untergeht: nach dem Dom ist sie die größte Kirche in der Altstadt.

Hinter der Kirche erstreckt sich das Erzbischöfliche Generalvikariat, wo einst ein Jesuitenkolleg mit an

geschlossenem städtischen Gymnasium stand. Auf Gedenktafeln entlang der Fassade sind die berühmtesten Lehrer verewigt, so zum Beispiel Friedrich von Spee, der mit dem noch unvollendeten Dom zu seiner Rechten und einer „Hexe" auf einem Scheiterhaufen links zu sehen ist. Der Physiker Georg Simon Ohm hat als Lehrer an der Schule 1826 das Grundgesetz der elektrischen Ströme entdeckt.
Unter einer Brücke knubbelt sich der Verkehr der Tunisstraße – Fußgänger stehen da drüber und halten sich links. Schon von weitem ist der Kirchturm von St. Ursula zu erkennen. Die britische Königstochter Ursula soll im 5. Jahrhundert auf Pilgerfahrt mit elftausend Freundinnen – allesamt Jungfrauen (!) – in Köln grausam niedergemetzelt worden sein, weil sie die Liebe eines vor Köln lagernden Hunnenkönigs verschmähte. Um ehrlich zu sein: Zunächst waren es nur 11 Freundinnen, aber da die Kirche auf einem im 12. Jahrhundert entdeckten römischen Gräberfeld steht, wurden es nach und nach auf „wundersame" Weise immer mehr. Reliquien brachten im Export viel Geld und Ansehen. Die „Goldene Kammer" der Kirche enthält mehr als 100 goldene und silberne Büsten und Kopfreliquiare aus dem 13. bis 17. Jahrhundert. Geschmückt ist die Kammer mit ... menschlichen Gebeinen.
Vor der Kirche eröffnet sich ein kleiner, beschaulicher Platz mit der „Schreckenskammer". Keine Angst, hinter der Tür verbergen sich keine Folterinstrumente. Vielmehr handelt es sich um ein nettes Brauhaus, das als solches bereits 1487 erwähnt wurde. Heute wird eigenes Schreckenskammer-Kölsch gebraut, das aber seinem Namen geschmacklich zum Glück keine Ehre macht. Gerätselt wird noch darüber, woher die Schreckenskammer ihren Namen er-

In Köln findet jeder seinen Platz – egal ob Hausheilige wie diese Maria mit Jesuskind an der Weidengasse, dem Inbegriff des kölschen Orient, oder jener Zugereiste, der unter minimalistischsten Bedingungen an der Komödienstraße den kleinsten Souvenirshop Kölns eröffnet hat. Die Weidengasse ist übrigens die Straße mit den meisten Fassadenstatuen in ganz Köln. Also: Kopf hoch und Augen auf!

Den besonderen Charme der Weidengasse machen die vielen türkischen Lokale wie das Café Orient aus. „Leben und leben lassen" ist die Devise in dieser wohl außergewöhnlichsten Straße Kölns – und hier lässt es sich gut leben, vor allem wenn es ums Essen geht. Die Auslagen der Geschäfte machen jedem Appetit, der bisher noch keinen hatte. Die Vielfalt an Obst und Gemüse, aber auch an Gewürzen und Fleisch ist im Eigelstein-Viertel unübertroffen.

hielt. Eine Theorie besagt, dass zum Tode Verurteilte auf dem Weg zu ihrer Richtstelle „Weckschnapp" (der Kunibertsturm am Konrad-Adenauer-Ufer) in der Schreckenskammer ihre Henkersmahlzeit einnahmen. Andere schwören darauf, dass der Name zustande kam, weil in einem Raum die Eisenbahner-Lehranstalt der „Bergisch-Märkischen Eisenbahn" ihre schrecklich schweren Prüfungen abhielt, als sich die Schreckenskammer noch in der Johannisstraße gegenüber der Schule befand.

Über die Eintrachtstraße, unter einer wenig schönen Unterführung her, gelangt der Spaziergänger auf den Eigelstein – den kölschen Orient-Express. Mehr oder weniger in Eintracht leben und arbeiten hier ungezählte Nationen zusammen. Ein Wohnprojekt der Drogenhilfe hat ebenso Platz wie die Gaffel-Privatbrauerei, die hier seit 1908 ihren Stammsitz hat. Man kann sich am besten von seiner Nase leiten lassen: Gerüche von Kebab, Kokusnuss und Kaktusfeigen wechseln sich mit Fisch und dem Duft von frischem Kaffee ab. Nebenan wird Spießbraten angeboten. Oder doch lieber ein Glas Tee (türkisch: „cay") in einem der ungezählten gemütlichen türkischen Restaurants?

„Em Kölsche Boor", dem einzigen Original-Brauhaus am Eigelstein, ist Frühschoppen-Zeit. Das Lebensmotto: „Wenn mer och ärm sin, mer levve doch jot" (Wenn wir auch arm sind, so leben wir doch) spiegelt das Lebensgefühl des alten Eigelsteinviertels wieder. Ein paar Schritte weiter begegnen wir dem „Boor" (Bauer) ein zweites Mal. In einer Nische der Eigelsteintorburg aus dem 13. Jahrhundert – einst Teil der umfangreichsten Stadtbefestigung nördlich der Alpen – steht eine Kopie des „Kölschen Boor" von 1891, der die Wehrhaftigkeit der Stadt symbolisiert. In der Nische des rechten Turms sind die Reste eines Rettungsbootes zu sehen. Es erinnert an den Untergang „Seiner Majestät Schiff Cöln" im Seegefecht bei Helgoland 1914, bei dem 314 Matrosen ums Leben kamen. Rund um das mittelalterliche Stadttor reihen sich urige Kneipen wie das „Lapidarium", gemütliche Cafés wie das „Klaaf" und das „Spitz" sowie Restaurants wie „Kaspar und Wenzel", wo singende Kellner servieren. Vor uns liegt der Ebertplatz, der einst Adolf-Hitler-Platz hieß. Einen Abstecher ist die Lübecker Straße wert. Hier finden sich neben dem Programmkino „Filmpalette", der Filmschänke „daneben" und dem Café Schmitz noch wunderschöne Gründerzeitfassaden.

Über den Gereonswall gelangen wir über die erste Gasse links in den Stavenhof, dem Vorzeige-Sanierungsgebiet des Eigelstein-Viertels. Wo einst rund um die Kneipe „Anno Pief" leichte Mädchen ihrem Geschäft nachgingen, sind Wohnungen entstanden, haben sich Filmproduktionen, Architektenbüros und die „Unsicht-Bar" – ein Dunkelrestaurant mit blinden Kellnern – niedergelassen. Vor der Hausnummer 5-7 in den Boden eingelassen, finden sich drei der zahlreichen Stolpersteine, die der Künstlers Gunter Demnig über die Stadt verteilt hat: hier in Erinnerung an die Familie Herzberger – deportiert 1943, ermordet in Ausschwitz. Quer über den Stavenhof führt ein Weg auf die Weidengasse, der Inbegriff des multikulturellen Lebens am Eigelstein. Von hier aus sind es nur wenige Schritte um die Ecke auf den Hansaring, dessen Name daran erinnert, dass auch Köln Mitbegründerin des mittelalterlichen Städtebündnisses war.

Das Hansa-Hochhaus von Jakob Koerfer war in den 1920er Jahren mit 65 Metern Höhe einmal das

Der „Kölsche Boor" wacht über die prachtvollen Fassaden, die in diesem Viertel häufig noch aus der Gründerzeit stammen. Ein großer Teil der erhaltenen Altbauten steht unter Denkmalschutz. So weit hat es dieser Spitz noch nicht gebracht.

Das Maskottchen vom Café Spitz über dessen Eingang ist dafür ein echter „Hingucker".

**Glück ist, in der Nachmittagssonne im Maybachpark zu sitzen und den Blick über das Saturn-Imperium, das „Hansa-Hochhaus" und das Filmhaus schweifen zu lassen, das die größte Film-Initiative Deutschlands beherbergt. Im Sommer ist der Biergarten des „Maybach" ein echter Tipp. Im angerenzenden Mediapark finden sich unter anderem der Musiksender Viva, das Mammutkino Cinedom und der Kölnturm.**

höchste Hochhaus Europas. Wenn auch als solches längst entthront, gewährt es von seiner 17. Etage immer noch eine tolle Aussicht über Köln. Es knarrt und krackst im Gebälg, wenn sich der Paternoster hinauf bewegt. Schmunzeln erlaubt: die 13. Etage fehlt – aus Aberglauben. Von der 15. Etage führen nochmals zwei Treppen bis ganz hinauf und dem kühnen Paternoster-Fahrer öffnet sich ein Ausblick über weite Teile der Stadt: die nördliche Altstadt, die Ringe und den Mediapark mit dem Kölnturm, der mit 148 Metern das höchsten Bürogebäude der Stadt ist. Zur Zeit des Nationalsozialismus diente das Hansa-Hochhaus als eines von 250 Lagern in der Stadt, in dem fast 900 Zwangsarbeiter der Reichsbahn untergebracht waren. Nebenan liegt das Musikhaus „Saturn" – gegründet 1961 von Friedrich

Wilhelm Waffenschmidt (er schied als Multimillionär aus) – mit der angeblich größten CD-Auswahl der Welt. Der Elektronikmarkt hat sich im Viertel immer mehr ausgebreitet, etwa in die Maybachstraße, wo übrigens auch das „Kölner Filmhaus" als Kino- und Partylocation und das „Maybachs" mit seinem reizvollen Biergarten liegen.

Der Stavenhof war früher Rotlichtbezirk. Bereits im 19. Jahrhundert soll hier der Straßenstrich angesiedelt gewesen sein. Das ehemals anrüchige Gässchen war einst eine Hochburg der Kommunisten. Nachdem das gesamte Eigelsteinviertel 1989 zum Sanierungsgebiet erklärt worden war, sind hier inzwischen schicke Eigentumswohnungen und Bürolofts entstanden.

Es geht links ab in die Ritterstraße mit ein paar netten Comic- und Plattenläden. Rechts liegt jetzt das Hansa-Gymnasium. Das Gebäude hat 1898 der Raschdorff-Schüler Friedrich Carl Heimann errichtet, 1901 wurde in der städtischen Handelsschule die erste kommunale Handelsakademie Deutschlands gegründet. Wieder auf dem Gereonswall kreuzt die Vogteistraße, wo ein Museum für Popmusik der 60er und 70er Jahre mit angeschlossenem Archiv zur Popkultur – „Popdom" genannt – versteckt liegt.

Gegenüber beginnt der Klingelpützpark. Seine Bezeichnung geht zurück auf einen einstmals mitten im Park gelegenen Pütz (Brunnen) eines gewissen Herrn Clingelmann. Die Preußen errichteten auf dem Gelände des einstigen Augustinerchorherrenstiftes 1838 bis 1843 das Rheinische Zentralgefängnis. Der Name der Straße „Am Klingelpütz" wurde auf die Anstalt übertragen, die im Volksmund noch heute so heißt – obwohl die Justizvollzugsanstalt 1968 nach Ossendorf verlegt wurde. Der Park

Der Gereonsmühlenturm wurde erstmals 1446 urkundlich erwähnt. Auf seiner östlichen Seite ist eine kleine Gartenanlage entstanden. Ein wenig versteckt in den Büschen steht vor der alten Stadtmauer die Bronzefigurengruppe „Mutter mit totem Kind" von Mari Andriesen, die von der Stadt zum Gedenken an die Opfer des Nationalsozialismus aufgestellt wurde.

wurde über den Trümmern des alten Klingelpütz angelegt, weshalb es hier relativ hügelig ist. Vom „Gipfel" hat man übrigens einen herrlichen Blick auf den Dom und die Türme von St. Ursula und St. Gereon. Ein Gedenkstein am Wiesenhang erinnert daran, das im Nationalsozialismus hier mehr als 1000 Menschen unschuldig hingerichtet wurden. Ein winziger Teil der alten Stadtmauer mit dem Gereonsmühlenturm, ein Stück weiter den Gereonswall hinunter, lässt noch erahnen, mit welcher Wucht einst die mittelalterliche Stadtbefestigung in den Himmel ragte. Was hier in Resten sichtbar ist, führte einst sechs Kilometer lang im Halbkreis um die Stadt.

Durch den Klingelpützpark geht es über die lärmende Kyotostraße in die Straße „Klingelpütz" und gleich wieder links. Auf der Rückseite des erzbischöflichen Gartens schlängelt sich, nicht einmal 100 Meter lang, das Altengrabengässchen entlang. Vor annähernd 900 Jahren lag an dieser Stelle der Graben der Stadtbefestigung. Schwer vorstellbar, dass sich hier einmal eines der schmutzigsten, verrufensten Viertel von Köln befunden hat. Im 16. und 17. Jahrhundert wohnten hier die „Unberührbaren". Prostituierte, Hundetotschläger und Kloakenentleerer kämpften ums nackte Überleben, für Ordnung sorgten die Henker von nebenan. 1811 soll sich sogar der französische Kaiser Napoleon hier vergnügt haben. Heute lebt jenseits der hohen Ziegelsteinmauer der Kölner Erzbischof Joachim Kardinal Meisner. Auf einem kleinen Klingelschild an der Toreinfahrt des Erzbischöflichen Hauses in der Kardinal-Frings-Straße 10 ist sein Name zu lesen.

Im Schatten von Industrie- und Handelskammer und den übermächtigen Banken rund um die „Börse", wie das Zentrum der Wirtschaftsmacht in Köln immer noch genannt wird, fristet die Maria-Ablass-Kapelle ein etwas trauriges Dasein. Von hier aus verkündete der Erzbischof Palmsonntag nach der Prozession vom Dom nach St. Gereon den Gläubigen die Ablässe. Mit einer Geldspende konnten sich Sünder im Mittelalter die Rettung vor dem Fegefeuer vorsorglich erkaufen. Gegenüber, vor dem Eingang zum Priesterseminar, ist seit 1999 eine Plastik zum Gedenken an die Jüdin, Philosophin und Karmelitin Edith Stein des Bildhauers Bert Gerresheim einen Blick wert.

Die folgende große Straße, die quert, heißt „Unter Sachsenhausen" – ursprünglich jedoch „Unter sechzehn Häusern", weil sich dort einmal die erste Mietskaserne Kölns befand, die unter einem einzigen Dach 16 Einzelhäuser zusammenfasste.

Über die Straße „An den Dominikanern" führt rechts ein kleiner Weg zum Andreaskloster – eine autofreie Insel zwischen brausendem Verkehr. In der Krypta der spätromanischen Kirche ruhen die Gebeine des erst 1932 heilig gesprochenen Universitätsgründers Albertus Magnus. Im Schatten von St. Andreas – der nach Mitgliederzahlen kleinsten katholischen Gemeinde Kölns – eröffnet sich ein beschaulicher Platz mit netten Lokalen und Restaurants, im Sommer mit Außengastronomie. Von hier sind es nur noch ein paar Schritte. Da steht wie ehedem der Dom – und vor ihm unversehrt die Kreuzblume.

Das Edith-Stein-Mahnmal von Bert Gerresheim steht vor dem Eingang zum Priesterseminar und zeigt drei Lebensstationen der Köln-Lindenthaler Ordensschwester. Der Haufen Schuhe erinnert an die Greueltaten im Zweiten Weltkrieg, als den Gefangenen in den Konzentrationslagern ihre letzte Habe genommen wurde. Edith Stein starb in den Gaskammern von Auschwitz.

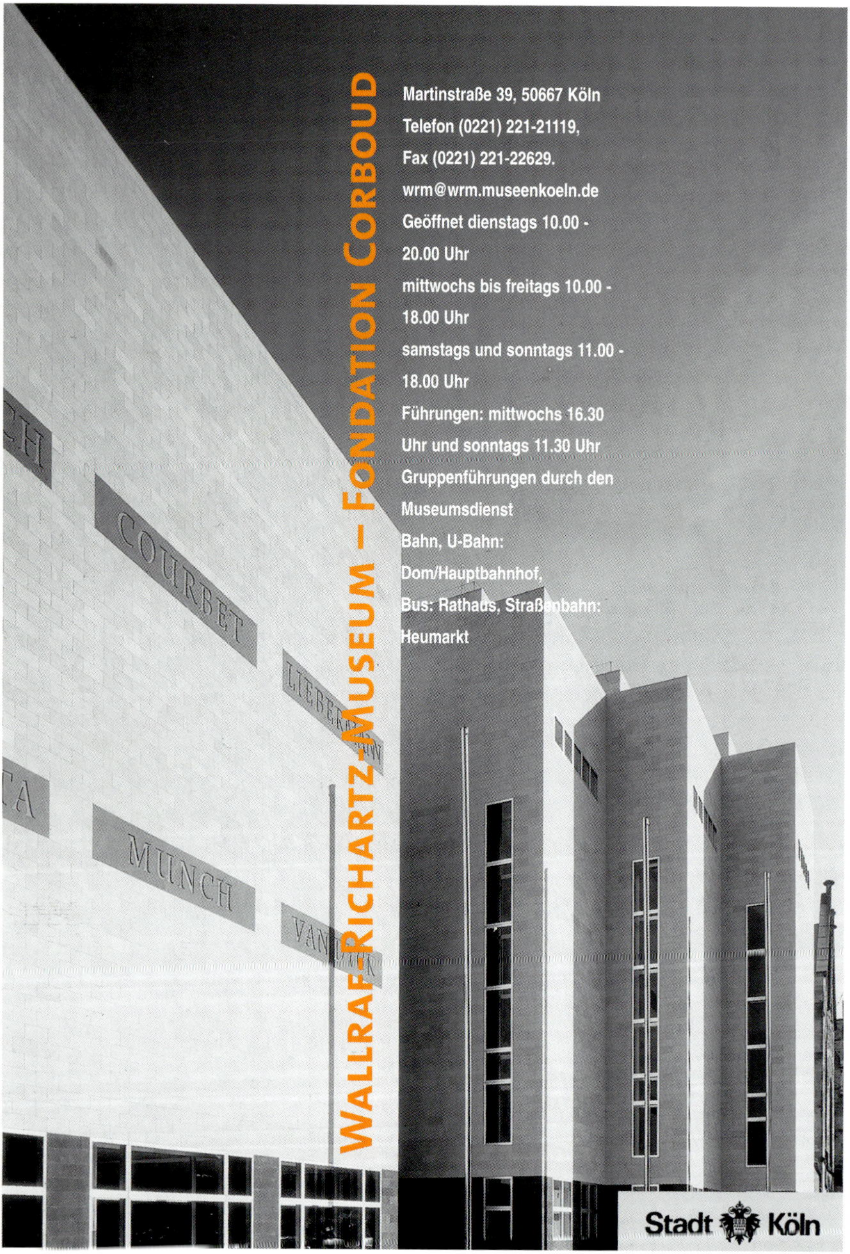

Wallraf-Richartz-Museum – Fondation Corboud
Martinstraße 39, 50667 Köln
Telefon (0221) 221-21119,
Fax (0221) 221-22629.
wrm@wrm.museenkoeln.de
Geöffnet dienstags 10.00 - 20.00 Uhr
mittwochs bis freitags 10.00 - 18.00 Uhr
samstags und sonntags 11.00 - 18.00 Uhr
Führungen: mittwochs 16.30 Uhr und sonntags 11.30 Uhr
Gruppenführungen durch den Museumsdienst
Bahn, U-Bahn: Dom/Hauptbahnhof,
Bus: Rathaus, Straßenbahn: Heumarkt
COURBET
MUNCH
Stadt Köln